Freude an Rosen

1. Vorwort

„Im Anfang war das Wort"

Freude an Rosen – wer möchte die nicht haben?

Nimmt man die üblichen Rosenbücher als Maßstab, sind Rosen die reinste Freude. Eine riesige Vielfalt von Blüten in allen Formen und Farben, die das ganze Jahr hindurch blühen.

Vielen Rosenfreunden fällt es jedoch schwer ihre Rosen zu genießen, denn die Pflege dieser edlen Pflanzen ist oft nicht leicht! Läuse, Mehltau, Spinnmilben und mehr machen es den Rosen in manchen Gärten schwer.

Da in den letzten Jahrhunderten solch eine Fülle an Rosensorten gezüchtet wurden, die sich charakterlich sehr voneinander unterscheiden können, ist es schwer etwas Allgemeingültiges über Rosen zu sagen. Dies macht es nicht nur dem Anfänger schwer, sondern auch dem ambitionierten Rosenfreund, sich in einem Durcheinander von Informationen zurechtzufinden.

Wir möchten mit diesem Buch möglichst viele Fragen klären und Ihnen als Rosenfreund einen spielerischen Umgang mit Rosen ermöglichen. Es ist wirklich ganz einfach!

Bedanken möchte ich mich bei meinem Vater, Heinrich Schultheis, der mich geduldig in die Geheimnisse der Rosenwelt eingeführt hat, und bei Helga & Klaus Urban, denen es gelungen ist, das Komplizierte, 'Missverständliche und Irreführende so leicht verständlich darzubieten. Danken möchte ich auch Dorrit-H. Röhnert, die überhaupt die Idee zu diesem Buch hatte.

Bad Nauheim-Steinfurth, im Vorfrühling 2006
Christian Schultheis

Léonie Lambert
Teehybride / 1913

Christian Schultheis / Helga & Klaus Urban

Freude an Rosen

Wer möchte die nicht haben?

Inhaltsverzeichnis

2. Einführung

„Oh, glücklich, wer noch hoffen kann, aus diesem Meer des Irrtums aufzutauchen"

Lange Zeit - die ganze erste Hälfte des 20. Jahrhunderts hindurch - war die Rosenwelt eigentlich ganz einfach. Rosen waren Teehybriden, "Edelrosen", als ob alle anderen Rosen "unedel" wären. In der Tat hatten damals die so genannten "Edelrosen" alle anderen bis dahin bekannten Rosen einfach verdrängt.

Die Erklärung dafür ist ganz einfach: Jahrtausendelang waren Rosen "einmalblühend", d. h. sie blühten "einmal in der Saison", von Juni bis Juli, meist zwar üppig, aber danach war Schluss; außer dass die einfachblühenden oder halbgefüllten Sorten im Herbst noch Hagebutten hervorbrachten. Dass es auch noch eine Rose gab – die "Herbstdamascena" -, die im Herbst nochmals einen zweiten, wenn auch deutlich weniger üppigen Blütenflor hervorbrachte, war eher eine Kuriosität. War damals auch nichts Befremdliches. Denn man war nichts anderes gewöhnt: kein Schneeglöckchen, keine Forsythie, kein Flieder blüht mehr als einmal in der Saison.

Das änderte sich gravierend, als in der 2. Hälfte des 19. Jahrhunderts die ersten Teehybriden aufkamen. Sie unterschieden sich von den bis dahin bekannten Rosen in doppelter Hinsicht:

- Erstens hatten sie eine andere Blütenform, "hoch gebaut" oder "mit hoher Mitte" (im Gegensatz zu den bis dahin ausschließlich bekannten flachen oder rosettenförmigen Blüten).
- Zweitens waren sie wirklich öfterblühend (im Gegensatz zu den anderen neueren Rosengruppen, die bestenfalls "remontierten", d.h. nach dem ersten üppigen Blütenflor einen bescheideneren zweiten hervorbrachten).

Der Erfolg der Teehybriden war so durchschlagend, dass sie binnen kurzer Zeit fast alle Rosen früherer Gruppen vom Markt verdrängt hatten, so dass die Begriffe "Teehybride" und „Rose" fast als Synonyme verwendet wurden, als ob es keine anderen Rosen gäbe; lange Zeit nicht zu Unrecht, denn es gab ja praktisch nichts als die Teehybriden.

Daran änderte sich wenig, als Mitte des 20. Jahrhunderts die – durch Kreuzung von Teehybriden mit anderen Rosengruppen entstandenen - Floribunda-Rosen aufkamen, die eine ähnliche Entwicklung erlebten wie die Teehybriden und sich erfolgreich einen Platz neben diesen eroberten, so dass in der zweiten Hälfte des 20. Jahrhunderts der Markt für Rosen von einerseits den weiterhin beliebten Teehybriden und den Floribunda-Rosen – mit großen Büscheln kleinerer Blüten, die vor allem durch ihre Farbe in der Fläche wirkten, deshalb „Beetrosen" genannt – dominiert wurde. Der Unterschied zwischen diesen beiden Gruppen ist aber für den Gartenfreund eher gering. Die Vorstellung davon, was eine Rose ist, wurde eher noch verfestigt.

Das änderte sich jedoch gegen Ende des 20. Jahrhunderts durch zwei parallele, von einander zunächst unabhängige Entwicklungen.

Die eine Entwicklung bestand in der Wiederentdeckung der so genannten „Alten Rosen" oder „Historischen Rosen", die etwa in den 1950er Jahren begann und noch längst nicht abgeschlossen ist. Damit kam eine Fülle andersartiger Rosen auf den Markt, die fast hundert Jahre lang einen Dornröschenschlaf gehalten hatten – vor allem in Rosarien, auf alten Friedhöfen und in Bauerngärten. Das waren die ganz alten europäischen Rosen, seit dem Mittelalter die einzigen Gartenrosen überhaupt: die Gallica-, Alba-, Damascena-, Centifolia- und Moos-Rosen; dann die etwas neueren - unter dem Einfluss der Ende des 18. Jahrhunderts entdeckten China-Rosen entstandenen – Rosengruppen: Portland-, Noisette-, Bourbon- und Remontant-Rosen.

Die andere Entwicklung bestand in einer differenzierteren Auffächerung des Rosenangebots um eine Vielzahl spezialisierter Rosengruppen für unterschiedlichste Verwendungen: Öfterblühende Strauchrosen, Bodendeckerrosen, Kletterrosen, Ramblerrosen, Miniaturrosen, Englische Rosen, nostalgische Rosen und sogar die Wiederentdeckung der Wildrosen für naturbelassene Teile des Gartens. Mit diesen Entwicklungen einher ging eine Veränderung in der Verwendung der Rosen. Die Teehybriden und Floribunda-Rosen wurden fast ausschließlich als Gruppen in speziellen Rosenbeeten oder gar Rosengärten gepflanzt. Allmählich setzte sich die Erkenntnis durch, dass solche Rosenbeete nicht nur über längere Strecken des Jahres langweilig sind, sondern dass solche Monokulturen auch besonders anfällig für Pilzkrankheiten und Schädlingsbefall sind. Mit dem zunehmenden Umweltbewusstsein wurde vielen Rosenfreunden schlagartig bewusst, dass es so nicht weitergehen könne. Denn die klassischen Rosenbeete mit den hochgezüchteten Teehybriden und Floribunda-Rosen waren nur mit regelmäßigem Spritzen und unter Einsatz von viel Dünger gesund zu erhalten. Und wer auf den Einsatz von Spritzmitteln nicht aus Einsicht verzichtete, musste es bald zwangsweise tun: Spritzmittel, die helfen (chemische „Keulen"), mussten vom Markt genommen werden, und die heute verfügbaren Spritzmittel schaden zwar nicht mehr der Umwelt, helfen aber auch kaum mehr im Kampf gegen massenhaft auftretende tierische Schädlinge oder Pilzkrankheiten. Der „klassische Rosenfreund" fühlte sich plötzlich allein gelassen mit seinen Problemen.

Erst allmählich setzte sich die Erkenntnis durch – und auf den immer beliebter werdenden Reisen ins Ausland, vor allem nach England, konnte man sich überzeugen, dass es geht –, dass Monokultur von Rosen nicht die einzige Form der Gartengestaltung mit Rosen ist. Das englische „Mixed Border" (die „gemischte Rabatte") vereint Rosen mit anderen Ziersträuchern sowie mit Stauden und Zwiebelblumen und sogar mit Ein- und Zweijährigen zu einem fröhlichen Miteinander, das eindeutige Vorteile gegenüber der Monokultur hat: Dem Boden werden nicht einseitig Nährstoffe entzogen, was die Pflanzen schwächt und anfällig macht, sondern die Vielfalt unterschiedlicher Pflanzen hält den Nährstoffhaushalt im Boden eher im Gleichgewicht. Und die Schädlinge können nicht mehr mit solcher Wucht zuschlagen, wie das bei einer Monokultur leider oft der Fall ist. Und eine solche gemischte Pflanzung sieht auch noch viel länger attraktiv aus als ein reines Rosenbeet - wenn man es geschickt anstellt sogar das ganze Jahr hindurch.

Endlich haben wir jetzt wieder die Chance „Freude an Rosen" zu haben. Und zwar ohne uns um die richtigen Spritzmittel oder Bewässerungssysteme zu sorgen. Wir müssen lernen an ganz anderen Punkten anzusetzen und Rosen an geeignete Standorte zu pflanzen. Denn nicht nur Sie stellen Ansprüche an die Rose (lange Blütezeit, Duft, Gesundheit), sondern auch die Rosen stellen Ansprüche an Sie. Schon ein sorgloser, nicht bedachter Einkauf kann entscheidend sein. Hier sind die wichtigsten zu beachtenden Punkte:

- Standortwahl
- Sortenwahl
- Einkauf
- Bodenvorbereitung
- das Pflanzen
- Wässern
- Düngen
- Ausschneiden verwelkter Blüten
- Rückschnitt
- Begleitpflanzen

Ein nicht zu unterschätzendes Problem ist die zunehmende Beliebtheit der Container-Rosen. Viele Jahrzehnte lang gab es Rosen ausschließlich als wurzelnackte Pflanzen, die ab Herbst ausgeliefert und bei frostfreiem Wetter gepflanzt wurden. Sie bilden ohne Probleme eine Pfahlwurzel aus, die dafür sorgt, dass die Rose, sobald sie einmal eingewachsen ist, sich das benötigte Wasser selbst aus der Tiefe holt, so dass nur bei extremer und langer Trockenheit gewässert werden muss. Zunehmend aber werden Rosen in Containern angeboten und gekauft. Durchaus verständlich, denn erstens sieht man beim Kauf, was man kauft, und zweitens kann man das ganze Jahr hindurch Rosen pflanzen, nicht erst ab Herbst, ein eindeutiges Plus bei der Gartengestaltung. Man muss jedoch folgendes beachten: Es dauert viel länger, bis solche Rosen eine Pfahlwurzel ausgebildet haben, so dass länger gewässert werden muss (zudem werden sie ja meist zur Blütezeit im Sommer gepflanzt, wenn der Wasserbedarf ohnehin viel höher ist als beim Pflanzen wurzelnackter Rosen im Winter); und wenn man sie ungeschickt pflanzt, tun sie das überhaupt nicht, sondern bleiben wie ein Fremdkörper im Pflanzloch, der keine Verbindung zur ihn umgebenden Erde erhält. Das Ergebnis ist eine schwächelnde Pflanze, die anfällig ist für Schädlinge und Pilzkrankheiten – auch wenn die Sorte selbst durchaus krankheitsresistent ist.

Das reicht aber noch nicht aus. Wichtig ist, dass sich der gesamte Garten in einem harmonischen Gleichgewicht befindet, und dazu gehören auch Singvögel oder Igel. Um diesen Tieren Schutz und Nahrung zu bieten, kann man einiges tun - nur keine Laubsauger einsetzen, die auch das letzte bisschen organisches Material aus dem Garten verbannen und der Tierwelt Schutz und Nahrung nehmen; oder den Garten mit Rindenmulch zuschütten, was den Nährstoffhaushalt des Bodens völlig durcheinander bringt.

Das Konzept muss also heißen: nicht isolierte Einzelmaßnahmen ergreifen, sondern solche Bedingungen schaffen, dass sich Tiere und Pflanzen im Garten rundum wohl fühlen.

Dazu gehört auch, sich abzeichnende Probleme frühzeitig zu erkennen und zu beheben. Im Frühstadium lassen sich die meisten Probleme im Garten noch relativ leicht beheben. Einzelne Blattläuse kann man noch mit den Fingern abstreifen oder mit dem Wasserstrahl aus dem Gartenschlauch den Spaß verderben. Verpasst man diesen Augenblick und merkt man es erst, wenn alles schwarz (oder grün, orange usw.) ist vor Läusen oder weiß vor Mehltau, dann hilft wiederum nur die berühmte „Keule". Deshalb sind die Augen des Gärtners – oder der Gärtnerin – wichtiger als die Marke des Spritzmittels. Es gehört aber auch die Energie dazu, gegen ein erkanntes Problem gleich vorzugehen und nicht zu warten, bis es ein großes Problem geworden ist.

Und dazu muss man da sein. Wer seinen Garten wochenlang sich selbst überlässt, der braucht sich nicht zu wundern, wenn er bei der Rückkehr einen Garten voller Probleme vorfindet. Die Pflanzen spüren sehr wohl, ob sie unter täglicher Beobachtung liegen und deshalb sich anständig benehmen müssen, aber auch ständige Zuwendung erfahren, oder ob sie längere Zeit allein gelassen werden. Nicht umsonst heißt es: „Der beste Dünger ist der Schatten des Gärtners". Und die Pflanzen machen es nicht viel anders als Babys, nur dass sie nicht schreien können. Aber sie lassen die Fittiche hängen, ihre Widerstandskraft lahmt und sie stellen ein Einfallstor für Pilzkrankheiten und Schädlinge dar.

Besucher, die unseren Garten zum ersten Mal sehen, und das waren schon viele, fragen meist ungläubig: „Sie spritzen wohl viel?" Und dann müssen wir immer wieder die gleiche Geschichte erzählen. Und auch bei der Rosenausstellung im Frankfurter Palmengarten, die wir seit Jahren betreuen, sind immer wieder dieselben Fragen zu beantworten. Seit einigen Jahren ist unser Seminar „Freude an Rosen" ein großer Erfolg. Aus diesen Erfahrungen ist dieses Buch entstanden.

Wir sind zuversichtlich, dass es den Leserinnen und Lesern helfen wird, die Zusammenhänge im Garten besser zu verstehen und wieder mehr Freude an Rosen zu haben.

Frankfurt am Main, im Vorfrühling 2006
Helga & Klaus Urban

Blütenformen

edelrosenförmig
('Copacabana')

kugelförmig
('Reine Victoria')

geviertelt
('Jacques Cartier')

becherförmig
('Province Panachée')

schalenförmig
('Souv. de la Malmaison')

halbgefüllt
('Tuscany')

einfach
(Rosa rubiginosa)

3. Die Vielfalt der Rosen

„Wo fass´ ich Dich, unendliche Natur?"

Wer sich von der Vorstellung löst, Rosen seien Beetrosen, stößt in eine Welt unglaublicher Vielfalt vor. Keine andere Zierpflanze kann mit dieser Vielfalt mithalten. Sich in dieser Fülle zurechtzufinden, ist allerdings auch nicht ganz einfach, viele Rosenfreunde fühlen sich eher verloren. Deshalb hier eine knappe Übersicht (der Fachmann möge die grobe Vereinfachung verzeihen).

Alle Rosen sind Gehölze, und zwar Sträucher. Es gibt keine Stauden und keine Bäume. Das zu wissen hilft schon viel. Ist aber auch notwendig, sich immer vor Augen zu halten, denn die in der Rosenwelt üblichen Begriffe können da leicht verwirren, wenn zwischen Strauchrosen, Beetrosen und Kletterrosen unterschieden wird. Auch Beetrosen sind botanisch Sträucher und Kletterrosen auch.

Und der Begriff "Kletterrosen" ist im strengen Sinn ebenfalls irreführend, denn von sich aus klettern Rosen nicht, man muss sie schon zum Klettern bringen; sie haben weder Haftwurzeln (wie Efeu und Kletterhortensie) noch Ranken (wie Clematis und Wein), noch schlingen sie sich um eine Stütze (wie die Glyzinen). Im Grunde sind Kletterrosen Sträucher mit langen Trieben. Und diese langen Triebe "klettern" nur, wenn man sie festbindet. Lediglich die Rambler-Rosen - wenn man ihnen geholfen hat, in einen Baum hineinzuwachsen - , finden ihren Weg zum Licht allein, indem sie sich mit ihren Stacheln Halt suchen ("Spreizklimmer").

Damit haben wir bereits eine Dimension der Vielfalt angesprochen: Rosen gibt es in allen Größen (**Wuchshöhen**): **Miniatur**-Rosen / Zwergrosen (auf eigener Wurzel 20 bis 30 cm hoch, z. B. 'Popcorn'); **kompakte Floribunda**-Rosen / „Patio-Rosen" (40 – 60 cm, aufrecht wachsend); **Bodendecker**-Rosen / „Kleinstrauchrosen" (60 cm - 1 m, in die Breite wachsend); **Floribunda**-Rosen und **Teehybriden** (60 cm - 1 m, aufrecht wachsend); **Strauchrosen** (im engeren Sinn, 1 m - 1,80 m, meist aufrecht wachsend, auch überhängend oder eher in die Breite wachsend; zu diesen Rosen zählen auch die Alten Rosen und die Englischen Rosen); **Kletterrosen** (2 - 3 m, auch höher); **Rambler**-Rosen (bis zu 10 m oder höher).

Außerdem gibt es **Stammrosen** (auf Stamm veredelte Rosen). Man unterscheidet Fußstämme (Stammhöhe 50 cm), Halb- (60 cm), Hoch- (90 cm) und Trauerstämme / Kaskadenrosen (1,40 m); Höhe jeweils bis Unterkante der Krone. Es handelt sich dabei nicht um eigene Sorten, grundsätzlich könnte jede Rose auf Stamm veredelt werden. Es eignen sich aber besonders solche mit biegsamen oder überhängenden Trieben. Straff aufrecht wachsende Rosen eignen sich nicht. Winterharte Sorten eignen sich besonders gut. Und natürlich duftende Sorten, denn sie präsentieren den Duft gleich in Nasenhöhe.

Neben der Frage der Wuchshöhe ist die **Blühhäufigkeit** von besonderer Bedeutung. Von Natur aus sind Rosen einmalblühend, wie andere Ziergehölze (z. B. Flieder) auch. In der Jahrtausende alten Geschichte der Rose gibt es öfterblühende Sorten erst seit neuerer Zeit, genauer: seit Ende des 18. Jahrhunderts die China-Rosen aufkamen, durch deren Einkreuzen mit den bis dahin bei uns ausschließlich bekannten alten europäischen Rosen zunächst „remontierende" und später „öfterblühende" Rosen entstanden. Auch hier sind die in der Rosenwelt verwendeten Begriffe eher irreführend.

Einmalblühende Rosen blühen natürlich nicht nur einmal (in ihrem Leben), sondern einmal in der Saison. Dieses Missverständnis hat schon viele Rosenfreunde verunsichert und von einer Entscheidung für eine einmalblühende Sorte abgehalten. In England ist man deshalb dazu übergegangen, den Begriff „einmalblühend" durch „sommerblühend" zu ersetzen, aber der Begriff ist auch nicht besonders glücklich, denn im richtigen Sommer sind die einmalblühenden Rosen längst verblüht. Einmalblühende Rosen bringen jedes Jahr einmal über einen vergleichsweise langen Zeitraum einen üppigen Blütenflor hervor.

Durch Einfluss der China-Rosen entstanden dann so genannte „**remontierende**" Rosen, das sind Rosen, die nach dem ersten üppigen Blütenflor – wenn man die verwelkten Blüten abschneidet – noch einen bescheideneren zweiten Blütenflor im Herbst hervorbringen. Solche Rosen gibt es schon unter den Portland- und Bourbon-Rosen. Die Verwirrung wird perfekt, weil die wenig später entstandene Gruppe der „Remontant-Rosen" diesen Begriff für sich reklamierte, als ob es sonst keine remontierenden Rosen gegeben hätte. Die Remontant-Rosen wurden allerdings weniger für den Garten, als für die damals beliebten Ausstellungen gezüchtet, d.h. Größe und Schönheit der Blüte, auch die Blütenfarbe, waren in erster Linie wichtig, nicht so sehr die Eignung für den Garten.

Ein entscheidender Durchbruch gelang erst in der zweiten Hälfte des 19. Jahrhunderts, als durch Kreuzung von Teerosen mit Remontant-Rosen die ersten Teehybriden entstanden, die nun erstmals **öfterblühend** waren, also nach dem ersten Blütenflor einen zweiten und danach noch einen dritten hervorbrachten – entsprechenden Rückschnitt und entsprechendes Düngen vorausgesetzt. Wie eingangs erwähnt, war der Erfolg dieser öfterblühenden Rosen so durchschlagend, dass alsbald alle anderen, also die einmalblühenden und die remontierenden Rosen, vom Markt verdrängt wurden. Neueste Züchtungen erbrachten sogar Rosen, die man als **dauerblühend** bezeichnen kann, dieser Begriff hat sich aber noch nicht vollständig durchgesetzt. Um die Verwirrung voll zu machen: Der Begriff „öfterblühend" wird auch als Oberbegriff für alle nicht einmalblühenden Rosen verwendet, also für remontierend, öfterblühend und dauerblühend. Neue Sorten sind in aller Regel öfterblühend oder sogar dauerblühend.

Eng damit verknüpft ist die für den Rückschnitt (siehe Seite 44) extrem wichtige Unterscheidung, ob die Blüten „**am diesjährigen Holz**" oder „**am vorjährigen Holz**" erscheinen. Die Lösung dieses Rätsels ist ganz einfach: Alle „einmalblühenden" Rosen blühen am vorjährigen Holz, und die öfterblühenden Rosen (einschließlich der remontierenden und dauerblühenden) am diesjährigen.

Eine viel zu wenig beachtete, aber für die Gartengestaltung extrem wichtige Unterscheidung ist die nach dem **Blühbeginn**, also ob die Rose früh (bis Ende Mai), mittel (Juni / Juli, das ist die Mehrzahl aller Rosen) oder spät (ab August) zu blühen beginnt. Diese Unterscheidung ist ganz besonders wichtig, um mit einmalblühenden Rosen über einen längeren Zeitraum hinweg blühende Rosen zu haben. Und das geht: von Ende Mai bis in den November hinein! Natürlich nicht mit einer einzigen Rose. Aber mit einer Folge von früh-, mittel- und spätblühenden Rosen. Und wenn man die Hagebutten mit berücksichtigt, und das lohnt sich auf jeden Fall, kann man den Garten mit einmalblühenden Rosen bis tief in den Winter hinein attraktiv gestalten, und gleichzeitig den Vögeln etwas Gutes tun.

Eine gewisse Vielfalt gibt es auch beim **Blütenstand**, ob also an einem Blütentrieb nur eine einzelne Blüte erscheint (wie meist bei den Teehybriden), oder ein kleinerer oder größerer Büschel (wie bei den Floribunda-Rosen und den meisten Ramblern). In der Regel sind einzeln stehende Blüten eher groß, Blüten in Büscheln eher klein. Es gibt aber auch Sorten, bei denen große Blüten in kleinen Büscheln erscheinen. Die meisten Alten Rosen gehören dazu. Der in den USA eingeführte Begriff „Grandiflora", der bei uns aber nicht geläufig ist, bezeichnet Rosen, bei denen edelrosenförmige Blüten in Büscheln erscheinen.

Fast unendlich ist die Abstufung der **Blütenfüllung**. Von Natur aus ist die Rosenblüte **einfach**, nämlich eine Reihe mit fünf Blütenblättern, in der Mitte ein Büschel gelber Staubgefäße. Hat die Rose mehr als fünf Blütenblätter, aber Staubgefäße sind immer noch vorhanden, spricht man von **halbgefüllt**. Nur Rosen mit einfachen oder halbgefüllten Blüten können Hagebutten hervorbringen bzw. aus Samen, d. h. generativ, vermehrt werden. Die große Mehrzahl der Rosen ist gefüllt, d. h. es sind keine Staubgefäße mehr zu erkennen. Die dabei entstandenen Blütenformen nennt man **rosettenförmig** (flach), **geviertelt** (eine besonders edle Rosettenform, bei der die Blütenblätter in vier Vierteln angeordnet sind), **becherförmig** (die Blütenblätter formen einen Becher), **pomponförmig** (eine Vielzahl kleiner Blütenblätter rollt sich nach außen zurück und bildet eine kleine Kugel) und schließlich „hochgebaut" oder „teehybridenförmig", eine Blütenform, die es früher gar nicht gab und seit ihrem Aufkommen als besonders „edel" empfunden wird, daher der Begriff „Edelrosen".

In der Tat ist eine gerade aufgeblühte Teehybride umwerfend apart. Leider hält dieser Zustand nicht lange an. Die meisten Teehybriden verlieren, wenn sie sich öffnen, diese edle Blütenform sehr schnell und sehen dann bestenfalls „locker" aus, man könnte auch sagen „unordentlich".

Dieser Umstand war Auslöser für die Rückbesinnung auf die „alten" Rosen und die Entwicklung und den Erfolg der Englischen Rosen bzw. Romantik-Rosen - mit ihren eher flachen Blütenformen, bei denen aber die Blüten in jeder Phase schön sind, auch im Verblühen.

Am größten ist die Vielfalt bei den Rosen wahrscheinlich bei der **Blütenfarbe**. Von Natur aus sind Rosen hauptsächlich **rosa** (daher der Name der Gattung: Rosa) oder **weiß**. Rot kommt nicht vor, und **gelb** (sehr zartes Gelb) nur ganz selten (insbesondere bei *R. foetida*). Blau überhaupt nicht. Über Jahrtausende hinweg war die Farbpalette der Rosen auf rosa, weiß und purpurrot beschränkt. Das änderte sich erst um 1900, als der französische Züchter Pernet-Ducher unter Verwendung von *R. foetida* 'Persica' die erste gelbe Rose, 'Soleil d´Or' herausbrachte.

Dieser Kreuzung verdanken wir Rosenfreunde nicht nur die Ausweitung der Farbpalette auf Gelb-, Apricot- und Kupfertöne, sondern leider auch die Anfälligkeit der Rosen für Sternrußtau (siehe Seite 53). Reines **Rot** war lange Zeit ein Wunschtraum der Rosenzüchter. Das lange Zeit vorherrschende Purpurrot verblasste stets schnell zu einem Lilaton. 1930 gelang der Rosenfirma Kordes mit 'Kordes´ Sondermeldung' die sensationelle Entdeckung des Farbtons „Ziegelrot". Heute sind praktisch alle Farben möglich außer reinem Blau. Was immer wieder als „blaue Rose" angeboten wird, erweist sich letztlich als besonders intensive Form von Lila. Ob es jemals möglich sein wird, echte blaue Rosen zu züchten, ist noch nicht absehbar. – Die Englischen Rosen / Romantik-Rosen verbinden die breite Farbpalette der modernen Rosen mit den Blütenformen und dem Duft der Alten Rosen.

Damit wären wir bei der Unterscheidung zwischen „Modernen Rosen" und „**Alten Rosen**". Im strengen Sinn sind „Alte Rosen" alle diejenigen Rosen, die einer Klasse angehören, die es 1867, als die Teehybride 'La France' herauskam, gab. Die 1952 von Kordes herausgebrachte Sorte 'Scharlachglut', eine Gallica-Rose, ist nach dieser Definition ein „Alte Rose". Der Begriff „**Historische Rosen**" ist erheblich weiter, umfasst er praktisch alles, was einmal aktuell oder modern war, heute aber nicht mehr ist. Dazu gehören bereits viele Teehybriden.

Vielfalt gibt es unter den Rosen außerdem im Hinblick auf die **Hagebutten**, die es vor allem bei den Wildrosen, aber auch bei Sorten mit einfachen oder halbgefüllten Blüten gibt. Gerade für naturnah gestaltete Gärten oder Gartenbereiche sind Hagebutten besonders wertvoll, bieten sie doch - neben dem reizvollen Anblick - den Vögeln Nahrung im Winter. Die Vielfalt erstreckt sich auf Größe, Form und Farbe und reicht von winzig bis groß, von oval über fast kugelig bis flaschenförmig und von orangerot über rot bis fast schwarz.

Schließlich bestehen große Unterschiede hinsichtlich der **Winterhärte**. Die alten europäischen Rosen, die bei uns heimischen Wildrosen und deren Abkömmlinge und auch die Rugosa-Rosen sind bei uns winterhart. Probleme mit der Winterhärte ergaben sich erst durch den Einfluß der China-Rosen und das Einkreuzen von R. *multiflora* und R. *wichurana*, denen wir viele Rambler-Rosen und vor allem auch die Floribunda-Rosen verdanken.

R. alba 'Blanche de Belgique'

R. gallica 'President de Sèze'

R. centifolia 'Fantin Latour'

R. damascena 'Rose de Resht'

4. Die wichtigsten Gruppen von Rosen

„Wer vieles bringt, wird manchem etwas bringen ... "

Die meisten Rosenbücher und Kataloge von Rosenfirmen sind nach Gruppen geordnet. Das hat seinen guten Grund. Die Rosen einer Gruppe haben in vielerlei Hinsicht die gleichen Eigenschaften. Bei den einzelnen Rosenbeschreibungen werden dann nur noch die Unterschiede zu den anderen Rosen dieser Gruppe hervorgehoben.

Für den Rosenfreund weniger sichtbar, aber für die Entwicklung der Gartenrosen von entscheidender Bedeutung, sind die **Wildrosen**. Sie sind fast durchweg Sträucher, einmalblühend mit einfachen Blüten, mehr oder weniger bestachelt und haben Fiederblättchen, meist mehr als fünf. Die Blütenfarbe ist meist rosa oder weiß, selten zartgelb. Und alle sind zart duftend, haben den typischen, unwiderstehlichen Rosenduft. Alle vermehren sich artgerecht durch Samen. Für den Garten kommen sie nur ausnahmsweise in Betracht, in naturbelassenen Gartenteilen und natürlich für botanische Gärten und Sammlungen. - Es gibt auch einige Auslesen und nahe Hybriden, die für den engagierten Rosenfreund auch durchaus von gärtnerischem Interesse sind. Die Winterhärte ist unterschiedlich, je nach Herkunft.

Eine bedeutende Gruppe von Rosen sind die **alten europäischen Rosen**, die zum Teil schon seit der Antike kultiviert werden. Es sind die Gallica-, Alba-, Damascena-, Centifolia- und Moosrosen. Sie sind den Wildrosen noch recht nahe, außer im Wuchs und in den Blütenformen. Der Wuchs ist im Vergleich zu den Wildrosen gebremst, so dass sie für den Garten geeignet sind. Sie sind einmalblühend und bringen einmal in der Saison einen üppigen Blütenflor hervor. Und die Blüten sind meist gefüllt bis stark gefüllt und sehr edel und durchweg herrlich duftend, mit dem typischen „Alte-Rosen-Duft". Unterschiede bestehen in den Wuchshöhen, wobei die Gallica-Rosen mit etwa 1 m Höhe die niedrigsten und die Alba-Rosen mit etwa 1,80 m Höhe die größten sind. Auch bei den Blütenfarben gibt es Unterschiede: bei den Gallica-Rosen herrschen kräftige Rosa- bis Purpurtöne vor (weiß gibt es nicht), bei den Alba- und Damascena-Rosen eher zarte Rosatöne sowie Weiß. Damaszener-

Rosen und Zentifolien haben besonders charakteristischen Duft. Die Moosrosen sind Sonderformen der Zentifolien mit moosartigem Bewuchs der Knospen und Blütenstiele, was einen besonders reizvollen Effekt ergibt. Alle sind in unserem Klima winterhart.

Neuere Entwicklungen sind die **alten Rosen seit Einführung der China-Rosen**. Es sind die Portland-, Noisette-, Bourbon-, Remontant- und Teerosen. Abgesehen von den Noisette-Rosen, die eher Kletterrosen sind, und den Remontant-Rosen, die eher für die Verwendung in Ausstellungen gezüchtet wurden, sind die Rosen dieser Gruppe gute Sträucher für den Garten. In der Blütenform ähneln sie noch sehr den alten europäischen Rosen, ausgenommen die Teerosen,

Kletterrose 'Parade' (vorn) und Bourbon-Rose 'Mme Isaac Pereire' (hinten) erklimmen eine Hauswand und hängen in satten Farben und mit herrlichem Duft kaskadenförmig herab.

die schon auf die späteren Teehybriden hinweisen. Das Farbspektrum ist etwas breiter, insbesondere in Richtung Rot ausgeweitet. Die meisten duften gut, ausgenommen die Remontant-Rosen, und die meisten, aber nicht alle, sind remontierend, d. h. sie bringen nach dem ersten Hauptblütenflor einen zweiten, schwächeren im Herbst hervor. Die Winterhärte hat durch den Einfluß der China-Rosen gelitten.

Mit der Einführung der **Teehybriden** - als offizielles Datum gilt die Einführung von 'La France' (1867) – beginnt ein neues Zeitalter in der Rosenzucht: die **Modernen Rosen**. Hundert Jahre lang beherrschten Teehybriden und später zusätzlich Polyantha-Rosen und Floribunda-Rosen den Markt, deren Aussehen und Verhalten sich deutlich von den bis dahin bekannten Rosen - die heute pauschal als „Alte Rosen" bezeichnet werden - unterscheiden. Sie sind öfterblühend, d. h. sie blühen „am diesjährigen Holz", haben hochgebaute Blüten (die Teehybriden) oder Blüten in Büscheln (die Polyantha- und Floribunda-Rosen) und sind weniger winterhart als die Alten Rosen. Im Vergleich mit den Alten Rosen, die noch richtige Sträucher waren, sind diese Rosen nun „Beetrosen", meist unter 1 m hoch.

Parallel zu dieser Entwicklung kamen aber auch weitere Gruppen auf den Markt, die zunächst aber nur eine Randbedeutung erlangten im Vergleich zu den alles dominierenden Teehybriden und Floribunda-Rosen.

Kletterrosen (meist kletternde Sports von Teehybriden und Floribunda-Rosen). Sie klettern nicht im eigentlichen Sinn, aber sie entwickeln lange, steife Triebe, die man an Kletterhilfen festbinden kann. Als Kletterhilfen eignen sich Säulen, Pyramiden, Pergolen und Klettergerüste an Mauern, sofern sie stabil genug sind, die beträchtliche Last zu tragen.

Rambler-Rosen wurden erst in den letzten Jahren wieder entdeckt. Unterscheiden sich von den Kletterrosen durch ihre noch längeren, aber insbesondere flexibleren Triebe. Die meisten haben kleinere, oft einfache Blüten in großen Büscheln und sind einmalblühend. Die Gesamtwirkung aber ist sehr eindrucksvoll, vor allem, wenn sie in Bäume wachsen. Sie werden, wenn überhaupt, anders geschnitten als die Kletterrosen. Es gibt inzwischen auch einige öfterblühende Rambler-Rosen, die aber in der Regel längst nicht so starkwüchsig sind.

Öfterblühende Strauchrosen („**Parkrosen**") sind große Sträucher mit meist halbgefüllten oder einfachen Blüten.

Eine eigene Gruppe bilden die **Moschata-Hybriden** des Züchters Pemberton in England. Es handelt sich um eine Reihe von für den Garten sehr gut geeigneten öfterblühenden Sträuchern, die auch noch gut duften.

Als eigene Gruppe geführt werden auch die **Rugosa-Rosen**, eigentlich öfterblühende Strauchrosen. Sie haben oft einfache Blüten und attraktive Hagebutten und einen guten Duft. Sie sind außerdem sehr winterhart. Sie unterscheiden sich von den anderen Rosengruppen durch ihr stark runzeliges („rugoses") Laub. Sie sind in der Regel sehr krankheitsresistent.

Eine Mittelstellung nehmen die **Englischen Rosen** des Züchters David Austin in England ein. Sie verbinden die Blütenform und den Duft der Alten Rosen mit dem Öfterblühen und der breiteren Farbpalette der Modernen Rosen. Ähnliche Rosen wurden inzwischen auch von anderen Züchtern herausgebracht, in Deutschland unter den Namen Romantik-Rosen (Schultheis) oder Märchen-Rosen (Kordes), in Frankreich unter den Namen Romantica-Rosen (Meilland) und Generosa-Rosen (Guillot).

Der Begriff **Bodendecker-Rosen** ist eigentlich nicht ganz gerechtfertigt. Denn echte Bodendecker sind es nicht, eher flach wachsende niedrige Strauchrosen („**Kleinstrauchrosen**"). Einige Rosenfachleute haben sich gegen den Begriff anfangs auch gewehrt, weil die Rosen dieser Gruppe nicht ganz halten können, was der Name verspricht. Der Begriff hat sich aber trotz aller Bedenken durchgesetzt. Insbesondere in der Landschaftsgestaltung werden sie in großem Umfang verwendet.

Miniatur-Rosen (Zwergrosen) sind deutlich kleiner im Wuchs und eignen sich auch für die Kultur in Töpfen. Obwohl es einzelne Miniaturrosen bereits seit langem gibt, hat die Gruppe erst durch die Züchtungen des amerikanischen Züchters Ralph Moore eine Bedeutung erlangt. Auch de Ruiter in Belgien und Poulsen in Dänemark haben Pionierleistungen erbracht. Viele Rosen dieser Gruppe sehen aus wie Miniatur-Teehybriden oder Miniatur-Floribunda-Rosen, wobei allerdings die Proportionen nicht ganz stimmen: Blüten und Laub sind im Verhältnis zur Wuchshöhe eigentlich zu groß. Eine Besonderheit ist 'Popcorn', die „kleinste Rose der Welt". Bei ihr ist alles klein, auch das Laub und die Blüten, so dass die Proportionen stimmen.

Rosen, die in Bäume wachsen

'Jasmin'

5. Kapitel

Portland-Rose
'Comte de Chambord'

5. Rosen in der Gartengestaltung

„Über Rosen lässt sich dichten…"

… und schwärmen. Was macht die Königin der Blumen so unwiderstehlich? Der Duft. Er ist ihre größte Anziehungskraft. Fehlt er, hat man der Rose die Seele genommen. Sie mag noch so farbenfroh und edel sein, in unser Herz werden wir sie nicht schließen. Genauso vielfältig wie die Nuancen an Farben ist die Palette der Düfte. Und um uneingeschränkt Freude an Rosen zu haben, ist der Duft Voraussetzung.

Das betrifft auch die Gartengestaltung. Ob an einer Laube, einem romantischen Sitzplatz, am Eingang oder auf dem Balkon, was wären all die Rosen dort ohne Duft?

Viele Monate können bei geschickter Planung mit Duft und Farbe gestaltet werden. Es muss kein Rosenbeet oder gar ein Rosengarten sein. Nein, ein Garten oder eine Rabatte mit Rosen wirkt viel interessanter. Sie in aufgelockerter Form im Garten zu integrieren passt viel besser zum Charakter einer Rose. Höhere Sorten, zusammen mit immergrünen Sträuchern, eignen sich als Hintergrund von Lavendel, Thymian und Salbei, - Iris sehen genauso entzückend zwischen Rosen aus wie Lilien, Nachtviolen und Levkojen. Und duftende Narzissen kaschieren aufs Anmutigste die noch kahlen unteren Triebe der Rosen.

Selbst eine einzige Rose als „Höhepunkt" eines Kräuterbeetes kann sehr wirkungsvoll sein, besonders als Hochstamm wie z. B. 'Rose de Resht' mit ihrem wundervollen Duft. Viele historische Rosen, Rambler-Rosen und Wildrosen bilden im Spätherbst wunderschön geformte und durch den Garten leuchtende, orangefarbene bis rote Hagebutten. Diese sind besonders wertvoll, das sie nicht nur als Grundlage herbstlicher Gestecke, sondern auch unseren Singvögeln als Winternahrung dienen.

Von Ende Mai bis in den Dezember ist es möglich, blühende Rosen im Garten zu haben. Nicht mit einer Pflanze, das wäre zu viel verlangt. Mit frühen und späten Sorten und mit gezieltem Schnitt ist das nicht schwer. Bezieht man Hagebutten, das unterschiedliche Laub und die Wuchsform des Strauchs mit ein (was leider viel zu selten geschieht), kann man an Rosen das ganze Jahr über Freude haben.

Die Rambler-Rose Ghislaine de Feligonde bekommt im Halbschatten eine stattliche Höhe von 6m, indem sie dem Licht entgegenwächst. Nicht alle Rosen können sich so gut an halbschattige Bedingungen anpassen. Geeignet für diese Standorte sind Rambler, Moschata-Rosen, Alba-Rosen, Gallica-Rosen und Centifolien.

Rosen im Halbschatten

Rambler-Rose
'Ghislaine de Féligonde'

Rambler-Rose
'Albéric Barbier'

6. Auswahl des Standorts

„Im Anfang war die Tat"

Ob man Freude an einer Rose haben wird oder eher Probleme, entscheidet sich oft schon bei der Standortwahl. An einem ungeeigneten Standort kann sich die Rose nicht artgemäß entwickeln, fängt an zu kränkeln und wird anfällig für Pilzkrankheiten und Schädlinge. Damit sich eine Rose gesund entwickeln kann, sollten Sie folgende Faktoren beachten:

Rosen bevorzugen einen sonnigen Platz, besonders Teehybriden und Floribunda-Rosen, aber auch Strauchrosen. Zu viel Schatten ist ein häufiger Grund für Probleme. Der Lichtbedarf ist aber durchaus unterschiedlich. Es gibt Sorten, die mehr Schatten vertragen als andere. Es lohnt sich, in den Katalogen und Büchern auf Hinweise auf Schattenverträglichkeit zu achten. Wenn angegeben ist, dass die Rose Halbschatten "verträgt", dann reichen 4 Stunden intensive Sonneneinstrahlung am Tag mitunter aus. Rambler-Rosen sind oft deutlich schattenverträglicher; bei ihnen reicht es aus, wenn sich die Triebe den Weg zum **Licht** selbst bahnen können, bis die Blüten einen sonnigen Platz erreichen. Die Blüte an Trieben, die im Schatten liegen, ist meist geringer.

„Volle Sonne" heißt aber auf keinen Fall einen stickigen Platz an einer Mauer oder gar in einem Winkel, wo sich kein Lüftchen mehr bewegen kann. Ein zugiger, kalter Platz ist aber wiederum auch nicht geeignet. - Ebenso sollte keine Rose unter einem Dachüberstand, überdachten Balkon oder unter Bäumen stehen. Es spielt auch keine Rolle, ob dort genügend Licht hinfällt oder andere Pflanzen gut gedeihen! Hier entsteht nachts kein Tau, wodurch die **Luftfeuchtigkeit** für Rosen zu gering ist. Die Rosen werden so geschwächt, dass sich Mehltau und Spinnmilben ungehindert vermehren können.

Rosen sind Tiefwurzler und holen sich Wasser und Nährstoffe tief aus dem Boden. **Wurzelkonkurrenz** spielt deshalb für Rosen keine so große Rolle wie bei Flachwurzlern. Das beweisen eindrucksvoll die Rambler, die in Bäume wachsen. Das setzt allerdings voraus, dass sie tatsächlich eine Pfahlwurzel ausgebildet haben, was bei Rosen, die als Container-Rosen gekauft wurden, häufig nicht der Fall ist (siehe

Seite 36). Insbesondere hohes Gras mögen Rosen nicht. Die offizielle Lehrmeinung lautet deshalb „umpflanzen ja, unterpflanzen nicht". Wir haben uns, aus Platzmangel, an diese Regel nicht halten können und aus gestalterischen Gründen auch nicht halten wollen - und haben beste Erfahrungen damit gemacht, insbesondere mit der Unterpflanzung mit Zwiebelblumen (Frühjahrsblühern), aber auch mit Stauden (wie Akelei, Lerchensporn und Waldmeister). Vorsicht aber mit Maiglöckchen und Storchschnabel, die können sehr aggressiv werden.

Mauern können ideale Standorte für Rosen sein. In ihrem Schutz können sogar Rosen gedeihen, die an sich für das bestehende Klima nicht winterhart genug sind. Und wenn es eine schöne Mauer ist, dann bildet sie einen attraktiven Hintergrund, vor dem sich die Rosen besonders wirkungsvoll abheben können. Aber der Boden ist am Fuß von Mauern meist schlecht und trocken. Es empfiehlt sich deshalb besonders intensive Bodenverbesserung und mehr Wässern als sonst ist nötig. – Spaliere sollten 20 cm Abstand von der Mauer haben, damit genügend Luft hinter den Pflanzen zirkulieren kann.

Kletterrosen und Rambler benötigen **Kletterhilfen**, aber auch große Sträucher, wie die Alba-Rosen profitieren davon. Als Kletterhilfen kommen vielerlei Strukturen in Frage wie Klettergerüste an einer Mauer, Zäune, Pergolen, Säulen, Pyramiden, Rosenbögen. – Für Rambler kommen auch größere Hecken und alte Obstbäume als Kletterhilfen in Frage. Wir haben es sogar geschafft, dass eine Kletterrose in eine hohe Birke hineinwächst. Der Phantasie sind kaum Grenzen gesetzt.

Rosen kommen mit vielerlei **Böden** zurecht. Besonders gut geeignet ist Lehmboden; er bietet gute Standfestigkeit, speichert die Feuchtigkeit, sollte aber beim Pflanzen gut gelockert und mit organischem Material wie Torf oder Rosenerde angereichert werden. Er ist allerdings schwer zu bearbeiten. Bei einem zu feuchten oder gar nassen Standort sollten in etwa 60 cm Tiefe 15 cm Kiesdränage angelegt werden. Leichter zu bearbeiten sind Sandböden, bei diesen ist allerdings die Einarbeitung von organischem Material noch wichtiger, denn sie sind von Natur aus nährstoffarm und zu wasserdurchlässig. Zur Wasserspeicherung und Lüftung ist die Einmischung von Lavagranulat oder Blähton sehr zu empfehlen. - Der pH-Wert sollte bei 6,0 bis 6,5 liegen; leichte Abweichungen nach oben oder unten werden aber toleriert.

Bei Rosen ist das Problem der **Bodenmüdigkeit** zu beachten. An einem Platz, wo bisher schon eine Rose stand, sollte nicht wieder eine neue Rose gepflanzt werden. Sonst kümmert die Rose und ist anfällig. Über den Grund für diese Erscheinung gibt es verschiedene Theorien. Meist werden so genannte Älchen dafür verantwortlich gemacht, die mit der eingewachsenen Rose eine Symbiose eingegangen sind und noch im Boden verbleiben, wenn die Rose eingegangen ist; mit einem starken Befall dieser Älchen kommt eine neue Rose nicht zurecht. Neueste Forschungen haben ergeben, dass Rosen zur Nährstoffaufnahme Stoffe ausscheiden, die sie auf längere Sicht selbst schädigen. Aus diesem Grund ist auch die Lebensdauer von Rosen begrenzt, es sei denn, sie haben Platz, mit den Wurzeln auszuweichen. Was man dagegen tun kann? Grundsätzlich gibt es zwei Möglichkeiten: die bessere ist, an dieselbe Stelle nicht wieder eine Rose, sondern etwas zu pflanzen, was nicht in die Familie der Rosengewächse gehört, zumindest für die nächsten drei bis fünf Jahre. Es reicht aus, wenn man die neue Rose etwa einen halben Meter weiter rechts oder links vom bisherigen Standort der Rose pflanzt. Wenn das nicht geht, z. B an einer Säule, kommt am besten ein kompletter Erdaustausch in Frage. Das ist allerdings eine Menge Arbeit. Es sollte schon ein Würfel von etwa 50 cm Seitenlänge ausgehoben und durch neue Erde ersetzt werden. Die Erde kann einfach von einer anderen Stelle des Gartens entnommen werden, wenn dort keine Rosen gestanden haben.

Einige Rosen lassen sich sehr gut **in Töpfen** kultivieren. Damit kann man sie an Standorten platzieren, an denen man kein Loch graben kann, z. B. auf einer Terrasse, dem Absatz oder der Stufe einer Treppe, entlang eines Weges, auf einem Balkon usw. Selbst an einer Säule, an der man wegen des Problems der Rosenmüdigkeit nicht gleich wieder eine neue Rose pflanzen kann, ist oft die Aufstellung eines Topfes eine befriedigende Zwischenlösung. In einem Topf kann man der Rose auch die richtige Erde geben. Und, nicht zu unterschätzen, man kann einen Topf hin- und herstellen, z. B. eine blühende Rose an einen prominenten Platz und an denselben Platz nach dem Abblühen eine andere Rose, die dann blüht. Man muss nur bedenken, dass eine Rose im Topf erheblich mehr Pflegeaufwand bedeutet als eine in den Boden gepflanzte Rose. In einem Topf ist die Wuchskraft einer Rose aber geringer, und ihre Lebensdauer auch. Nur eines sollte man nicht tun: eine Rose in einen Innenraum stellen, auch keine Miniaturrose, denn die Luftfeuchte ist zu gering und das Licht reicht einfach nicht aus.

7. Kapitel

Rosenfeld

wurzelnackt

wurzelverpackt

wurzelverpackt

Containerrose
2-jährige Pflanze

7. Rosen einkaufen

Bis vor einigen Jahren wurden Rosen durchweg **wurzelnackt** angeboten und gekauft. Man bestellte sie bei einer Rosenschule rechtzeitig zur Lieferung ab Herbst, gepflanzt wurde, sofern der Boden frostfrei war, bis zum Vorfrühling. Diese Methode ist auch heute noch zu empfehlen. Die Chance, dass sich eine gesunde Rose mit einer tiefen Pfahlwurzel entwickelt, ist bei dieser Methode am größten.

Die heute in Gartencentern und auf Baumärkten angebotenen **abgepackten** Rosen sind an sich wurzelnackte Rosen, die lediglich für den Transport zum Händler bzw. Konsumenten in eine Folie verpackt und zuvor zum Schutz vor Vertrocknen mit einem Feuchtigkeit speichernden Material umwickelt wurden. Hier kommt es sehr darauf an, wie und wie lange die verpackte Rose auf dem Weg zum Verbraucher gelagert wurde. Die Pflanzen sollten frisch aussehen und die Oberfläche der Triebe keine Längsrillen aufweisen. Trifft beides zu, kann man auch diese Rosen beruhigt kaufen.

In den letzten Jahren ist zusätzlich der Verkauf von Rosen **in Containern** in Mode gekommen. Container-Rosen bieten viele Vorteile: man kann auch außerhalb der Ruhezeit der Rosen kaufen und pflanzen; man sieht, was man kauft, weil die Pflanzen entweder in Blüte stehen oder zumindest in Blüte stehende Pflanzen besichtigt werden können; und vom Zeitpunkt des Kaufes bis zur blühenden Pflanze dauert es nicht Monate, sondern Wochen oder Tage; das erlaubt, mit Container-Rosen zu „zaubern", für unsere schnelllebige und ungeduldige Zeit ein großer Vorteil. Achten Sie auch hier darauf, in welchem Zustand sich die Container-Rose befindet. Wichtig ist ein Hinweis des Verkäufers, dass der Topf noch nicht durchwurzelt ist; dann muss die Pflanze noch vier Wochen in ihrem Container stehen bleiben, sonst fällt der Wurzelballen beim Herausnehmen auseinander. Kauft man zu alte Ware, ist es möglich, dass der Container bereits dermaßen durchwurzelt ist, dass gar keine Erde zur Ernährung der Pflanze mehr vorhanden ist. Steht die Rose zu lange im Container, fangen ihre Wurzeln an, sich im Kreis zu drehen, weil nicht genügend Platz für ihre ordentliche Entwicklung zur Verfügung steht. Bei einer solchen Pflanze besteht die große Gefahr, dass sie nach dem Auspflanzen wie ein Fremdkörper im Pflanzloch steckt und keinerlei Kontakt zur umgebenden Erde entwickelt und deshalb in ihrem Wachstum gehemmt und höchst anfällig ist.

Pflanzschnitt der Triebe und Wurzeln

Pflanzen

Mischen der Pflanzerde aus Erdaushub, Rosenerde und Lavagranulat

Pflanzen der Rose

Andrücken der Erde

Wässern nicht vergessen!

8. Rosen pflanzen

In vielen Fällen sind später auftretende Probleme auf falsches Pflanzen zurückzuführen. Eine falsch gepflanzte Rose bleibt hinter ihren Möglichkeiten zurück. Da hilft die beste Standort- und Sortenwahl nichts, wenn beim Pflanzen entscheidende Fehler gemacht werden.

Das Pflanzen wurzelnackter Rosen

Wichtig ist zunächst, dass das Pflanzloch genügend tief ausgehoben und der Boden darunter zusätzlich aufgelockert wird. „Genügend tief" heißt in der Regel: mindestens 2 Spaten tief. Das ist ganz schön tief und bedeutet, insbesondere bei schwerem Lehmboden, der ja gut ist für eine Rose, ein ordentliches Stück Arbeit. Und es muß breit genug sein, damit die Wurzeln sich, ohne dass sie gequetscht werden, locker ausbreiten können. Eine Grabegabel erleichtert diese Arbeit ganz erheblich. Das ausgehobene Erdreich wird sortiert: Steine und Wurzeln werden entsorgt, die verbleibende gute Erde wird verbessert, d. h. mit guter Erde von einer anderen Stelle des Gartens oder mit Rosenerde und Lavagranulat vermischt, etwa 50:50. Entgegen weit verbreiteter Ansicht ist das Einarbeiten von Gartenkompost nicht zu empfehlen, da dieser in der Regel zu einseitig ist. Auch Pferdeäpfel sollten nicht verwendet werden.

Parallel wird die wurzelnackte Rose in Wasser gestellt, am besten in eine Wassertonne. Die Rose sollte einige Stunden lang Gelegenheit haben, sich voll Wasser zu saugen.

Bevor man die Rose in das so vorbereitete Pflanzloch stellt, wird sie geschnitten, und zwar sowohl die Triebe als auch die Wurzeln. Alle Wurzeln, auch die feinen Würzelchen, so weit das geht, werden mit einer guten Rosenschere eingekürzt, es muss eine weiße Schnittstelle sichtbar werden. Ist die Schnittstelle braun, muss stärker eingekürzt werden. Auch verletzte Wurzeln sind entsprechend zu kürzen. Die Triebe müssen ebenfalls gekürzt werden, auf etwa 3 bis 4 Augen.

Das Einkürzen der Triebe hat mehrere Gründe: die Kraft der Rose kann sich ganz auf die Bildung neuer Wurzeln konzentrieren und später, bei Beginn der Wachstumssaison, auf weniger Augen. Die Chance, dass sich kräftige Triebe bilden, wird erhöht. Außerdem hilft das zu vermeiden, dass die Rose unten verkahlt.

Grundsätzlich könnten die Rosen bereits mit entsprechend zurückgeschnittenen Trieben geliefert werden, aber die Rosenfirmen haben damit schlechte Erfahrungen gemacht: Bereits entsprechend zurückgeschnittene Rosen werden vom Käufer häufig als qualitativ minderwertig angesehen.

Nun wird die Rose in das vorbereitete Pflanzloch gestellt, und die Wurzeln werden locker ausgebreitet. Nun verbesserte Erde auffüllen, locker, damit sich unter den Wurzeln keine Hohlräume bilden, und leicht andrücken. Wässern und nochmals nachfüllen. Die Veredelungsstelle muss ca. 5 cm unter die Erde kommen. Anschließend mit etwas zusätzlicher Erde etwa 10 cm hoch anhäufeln, so dass die Triebe gut eingepackt eventuellem Frost trotzen können und vor Vertrocknen durch Wind und Sonne geschützt sind.

Das Pflanzen von Container-Rosen

Die Vorbereitung des Pflanzlochs ist grundsätzlich gleich wie bei wurzelnackten Rosen. Auch der Erdaushub ist entsprechend zu verbessern. Das Pflanzloch muss so groß bemessen sein, dass der Container bequem darin Platz hat und rundherum noch Platz ist, Erde aufzufüllen. Und etwa 8 cm tiefer als der Container, damit nach dem Pflanzen die Veredelungsstelle 5 cm unter die Erde kommt. Der Container ist eigentlich nicht tief genug für die Rose, so dass die Veredelungsstelle oben herausragt. Es ist aber so handelsüblich und überall so. Wer hier beim Pflanzen versäumt, tief genug zu pflanzen, braucht sich über spätere Probleme nicht zu wundern.

Der Container wird vor dem Pflanzen gut gewässert. Am besten stellt man ihn ganz in Wasser, damit er sich richtig voll saugen kann. So lange Bläschen aufsteigen, ist das Vollsaugen noch nicht abgeschlossen.

Das Zurückschneiden der Wurzeln entfällt im Vergleich zu wurzelnackten Rosen, dafür muss aber der Wurzelballen an den Rändern mit den Fingern aufgelockert und die unterste Wurzel nach unten ausgerichtet werden. Wird das versäumt, fällt es der Rose nach dem Pflanzen schwer, eine Pfahlwurzel zu bilden, und die Wurzeln an den Seiten neigen dazu, weiterhin im Kreis zu wachsen, statt sich in der sie umgebenden Erde auszubreiten. Der Wurzelballen bleibt als Fremdkörper im Pflanzloch stehen und ist nicht in der Lage, die Rose ordentlich mit Wasser und Nährstoffen zu versorgen. Sie kümmert. Das ist leider das Schicksal vieler hoffnungsvoller Container-Rosen.

Nun wird der Wurzelballen vorsichtig in das Pflanzloch gestellt; vorsichtig, damit er nicht auseinander fällt, was sich manchmal aber nicht vermeiden lässt. Und nun wird rund um den Wurzelballen verbesserte Erde eingefüllt und leicht angedrückt. Die Rose ist richtig gepflanzt, wenn die Veredlungsstelle ca. 5 cm unter die Erde kommt. Das Anhäufeln der Triebe entfällt.

Das Pflanzen von Rosen an Mauern

Das Vorbereiten eines genügend großen Pflanzlochs an einer Mauer kann ein hartes Stück Arbeit sein, weil der Boden am Fuß der Mauer meist sehr steinig und trocken ist. Gründliches Wässern der für das Pflanzloch vorgesehenen Stelle kann die Arbeit etwas erleichtern. Wenn es gar nicht gehen will, muss man das Pflanzloch in einiger Entfernung von der Mauer anlegen, vielleicht 50 cm entfernt. Hier ist ganz besonders wichtig, dass gut verbesserte Erde verwendet wird, denn der Boden dort ist besonders karg.

Das Pflanzen von Ramblern, die in Bäume wachsen sollen

Beim Pflanzen von Rambler-Rosen ist einiges zusätzlich zu beachten. Zunächst ist für die Bestimmung, wo das Pflanzloch zu graben ist, die vorherrschende Windrichtung zu beachten. Der Wind sollte die Rose in den Baum hineindrücken, nicht von ihm weg. Dann sollte versucht werden, das Pflanzloch etwa 1 m vom Stamm entfernt zwischen den Wurzeln des Baumes zu graben. Das kann sehr harte Arbeit sein und manchmal muss man etwas weiter weg vom Stamm nochmals beginnen. Es ist leichter und besser, eine wurzelnackte Rose zu wählen. Leichter, weil das Pflanzloch nicht ganz so breit sein muss. Und besser, weil die sich schneller ausbildende Pfahlwurzel bei der enormen Wurzelkonkurrenz des Baumes eine größere Chance hat, sich durchzusetzen. Es ist ratsam, eine Wurzelsperre zu verwenden: einfach einen Kunststoffkübel, bei dem man den Boden entfernt hat, mit versenken. – Nach dem Pflanzen sind die Triebe mit Bindematerial in Richtung auf den Stamm zu ziehen. Die Triebe brauchen diese Hilfe weiterhin, bis die Krone des Baumes erreicht ist. Später streben sie von allein zum Licht.

Das Pflanzen von Stammrosen

Stammrosen – also Hoch-, Halb- und Zwergstämme sowie Trauerstämme / Kaskadenrosen – werden grundsätzlich genauso gepflanzt wie bisher beschrieben, nur ist einiges zusätzlich zu beachten.

Ein stabiler (Holz-)Pflock ist gleich mit ins Pflanzloch einzurammen. Er muss später die ausgewachsene Krone halten können und etwas höher sein als die Veredlungsstelle, die sich oben am Ende des Stammes befindet. Rammt man den Pfahl erst ein, wenn die Rose bereits gepflanzt ist, könnte der Wurzelbereich beschädigt werden.

In kalten Regionen, wo es für den Winterschutz erforderlich ist, den Stamm umzulegen und die Krone mit Erde zu bedecken, ist zusätzlich auf die Richtung zu achten. Die Krone muss nämlich „über den Zapfen" umgelegt werden. Dieser Zapfen muss also weg vom Pflock weisen. Außerdem dürfen in der Richtung, in die der Stamm umgelegt werden soll, keine Sträucher stehen und es muss Platz sein, um die Krone mit Erde bedecken zu können. - Nach dem Pflanzen ist der Stamm zwei- bis dreimal am Pflock festzubinden. Am besten mit einem weichen, elastischen Bindematerial und in Form einer acht, damit der Stamm nicht direkt am Pflock reiben kann.

Das Pflanzen von Rosen in Töpfen

Rosen lassen sich sehr gut in Töpfen kultivieren. Man muss nur einiges beachten. Der Topf sollte genügend tief sein, damit die Wurzel der Rose komplett untergebracht werden kann, und er sollte genügend standfest sein, damit die Pflanze bei Wind nicht umgeworfen wird, wobei das Wurzelwerk gestört würde. Ein U-förmiger Topf bietet mehr Standsicherheit als ein V-förmiger. Ob der Topf rund oder quadratisch ist, spielt keine Rolle. Auf jeden Fall muss er ein genügend großes Abflussloch haben, damit sich keine Staunässe bilden kann. Aus welchem Material der Topf ist, ist auch weniger wichtig, eher eine Frage des Geschmacks. Wir verwenden ausschließlich Terrakottatöpfe, weil unseres Erachtens zu einer edlen Rose auch ein edler Topf gehört. Terrakotta hat den zusätzlichen Vorteil, die Feuchtigkeit zu speichern und das Durchfrieren im Winter zu verzögern. Und ein solcher Topf ist auch frostfest, zumindest einige Jahre lang.

Das Etikettieren nicht vergessen!

Die gerade gepflanzte Rose ist in der Regel mit einem Etikett aus Pappe etikettiert, das meist den Namen der Baumschule (gut leserlich gedruckt) und auf der Rückseite den Namen der Rose (oft handschriftlich oder auch abgekürzt) ausweist. Bei wurzelnackten Rosen verschwindet es meist in der Erde, bei Container-Rosen und Hochstämmen ist es durch Witterungseinflüsse bald verblasst und unleserlich, wenn überhaupt noch vorhanden. Und dann möchte jemand wissen, wie die Rose denn heißt. Entweder, weil er sie so schön findet, oder weil Sie wegen eines Problems um Rat gefragt haben. „Tja … wenn ich das noch wüsste!" ist dann oft die Antwort. Wie oft kommen Ratsuchende mit Fotos oder Blütenblättern und möchten wissen, was das für eine Rose ist, die ihnen Freude oder Kummer bereitet. Zu spät! Bei über 40,000 Rosen ist es höchst gewagt, eine Rose nach einem Foto oder einer einzelnen Blüte zu bestimmen. Spätestens aber, wenn Sie ein Problem haben, werden Sie sich bewusst, dass Sie etwas versäumt haben. Denn jeder Fachmann, den Sie um Rat fragen – z. B. wie man sie schneidet - wird erst mal wissen wollen, um was für eine Rose es sich handelt. Die Antwort: „eine rote" ist zu wenig! Der Name der Rose selbst ist dafür nicht so wichtig, sondern die Gruppe, der sie angehört, insbesondere ob öfterblühend oder einmalblühend. Aber wie will man die Gruppe bestimmen, wenn man den Namen nicht weiß?

Womit beschrifte ich meine Rosen?

Für eine stattliche Anzahl von Rosen gibt es sehr schöne weiße Porzellanschilder, die an die Schilder in alten botanischen Gärten erinnern. Nicht ganz billig, aber gut passend zu Rosen.

Etiketten selbst zu beschriften kann zum Abenteuer ausarten. Es gibt unterschiedliche Beschriftungssysteme, die wir alle durchprobiert haben ohne durchschlagenden Erfolg. Nach vielen Fehlschlägen sind wir auf ein englisches System mit Aluschildern gestoßen. Dabei werden die Buchstaben einzeln eingehämmert. Hält ewig. Die Anschaffung des Maschinchens (zum Festhalten des Aluschildchens beim Hämmern) und des Buchstabensatzes ist ebenfalls nicht billig, lohnt sich aber unbedingt. Man ist vor allem flexibel und kann auch Namen schreiben, für die es keine Porzellanschilder gibt.

Noch eine Warnung: Vorsicht beim Anbringen des Schildchens. Keinesfalls Draht nehmen. Der Draht, auch wenn er anfangs locker sitzt, kann für die Rose zur Würgeschlinge werden, wenn der Ast dicker wird. Wir haben eine herrliche Stammrose regelrecht abgewürgt. Als wir es merkten, war es zu spät. Besser ist ein elastisches Material, das nachgibt. Wir haben sehr gute Erfahrungen mit einem gummiartigen Bindematerial gemacht, das innen hohl ist. Lässt sich auch sonst vielseitig im Garten verwenden.

Alba-Rose
'Königin von Dänemark'

Gallica-Rose
'Belle sans Flatterie'

9. Das Wässern

An sich brauchen Rosen normalerweise nicht gewässert zu werden. Aber es gibt Ausnahmen.

Das Wässern beim Pflanzen

Wurzelnackte Rosen vor dem Pflanzen einige Stunden lang in Wasser stellen und beim Pflanzen wässern, damit sich keine Hohlräume bilden. Container-Rosen vor dem Einpflanzen durchdringend wässern, am besten, indem man den ganzen Topf in Wasser taucht, so lange, bis keine Bläschen mehr erscheinen.

Neu gepflanzte Rosen

Eine Zeit lang nach dem Pflanzen – bis sich die Rose „etabliert" hat – ist Wässern unbedingt erforderlich. Beim Pflanzen wurzelnackter Rosen, das ja während der Ruhephase der Rose erfolgt, braucht in einem normalen Winter mit Schnee und Regen überhaupt nicht gewässert zu werden, erst im Frühjahr, wenn der Neuaustrieb erfolgt und es sehr trocken sein sollte. Anders bei Container-Rosen, die ja meist im Sommer gepflanzt werden, wenn die Pflanze in vollem Laub steht und vielleicht sogar Blüten hat. Hier ist regelmäßiges Wässern bis in den Herbst hinein erforderlich.

Etablierte Rosen

Ist die Rose gut angewachsen und hat eine tiefe Pfahlwurzel ausgebildet, die sie in die Lage versetzt, sich das Wasser aus einiger Tiefe selbst zu holen, braucht die Rose normalerweise gar nicht gewässert zu werden. Im Gegenteil: Wässern, vor allem häufiges Wässern in kleinen Mengen, würde der Rose eher schaden. Sie bildet dann nämlich nahe der Oberfläche feine Würzelchen zur Aufnahme des Wassers und die Pfahlwurzel bildet sich zurück, weil sie nicht mehr benötigt wird. Kommt dann eine Trockenperiode und es wird nicht gewässert, dann ist die Rose nicht mehr in der Lage, sich selbst zu versorgen und vertrocknet. Wenn also Rosen gewässert werden, dann durchdringend, damit das Wasser bis zu den tiefsten Wurzeln gelangen kann. Bei extremer Trockenheit, vor allem wenn die Trockenperiode sehr lang ist, sollte trotzdem gewässert werden, aber bitte nicht jeden Tag ein bisschen, sondern ab und zu durchdringend.

Rosen an Mauern

Eine am Fuße einer Mauer gepflanzte Rose hat es schwerer als sonst, einen kräftigen Wurzelstock auszubilden. Erstens ist die Ausbreitung der Wurzeln nur in eine Richtung – weg von der Mauer – möglich, zweitens handelt es sich um einen Standort, der häufig im Regenschatten steht, also weniger Wasser abbekommt als frei stehende Rosen, und drittens entzieht das trockene Mauerwerk noch dem Boden Feuchtigkeit. Rosen an Mauern müssen deshalb gewässert werden – aber, wie gesagt, in größeren Abständen durchdringend.

Rosen in Töpfen

In einem Topf kann eine Rose keine Pfahlwurzel ausbilden. Außerdem fließt das Regenwasser über das Laub nach außen ab, so dass der Wurzelballen im Regenschatten steht. Eine Rose im Topf muss deshalb regelmäßig gewässert werden. Auch hier gilt: ab und zu durchdringend Wässern ist besser als häufig in geringen Mengen. Je kleiner der Topf, umso wichtiger ist das Wässern. Und wenn eine Rose seit längerem schon in dem Topf steht und die Erde im Topf stark durchwurzelt ist, dann kann das Wasser nicht gespeichert werden und fließt im Extremfall einfach durch. Dann wird es höchste Zeit, in einen größeren Topf umzutopfen.

Wie wässern

Rosen werden am besten an der Wurzel gewässert, nicht durch Beregnung von oben. Ist das Laub über Nacht feucht, ist das eine Einladung an die Pilzsporen, es sich gemütlich zu machen.

10. Das Düngen

Rosen brauchen vergleichsweise viele Nährstoffe, die sie sich aus dem Boden holen möchten. Ein nahrhafter Boden ist deshalb Voraussetzung für gutes Gedeihen der Rosen.

Für die Nährstoffaufnahme aus dem Boden ist der pH-Wert wichtig. Ideal ist ein pH-Wert um 6,0 bis 6,5, obwohl eine gewisse Toleranz nach oben und unten besteht. Was nicht im Boden enthalten ist, kann auch nicht über das Wurzelwerk aufgenommen werden, selbst dann nicht, wenn der pH-Wert ideal ist.

Deshalb ist die Einarbeitung von organischem Material (Rosenerde, Torf) in die Pflanzerde so wichtig. Wird Gartenkompost verwendet, sollte nicht zusätzlich gedüngt werden. Ein Gartenkompost aus überwiegend Rasenschnitt ist für die Bodenverbesserung nicht geeignet. Es besteht die Gefahr, dass das Gleichgewicht des Bodens gestört wird.

Wir empfehlen organisch-mineralischen Rosendünger; er enthält nicht zu viel Stickstoff und wenig Phosphor. Nur kein Blaukorn! Die Pflanzen wachsen durch weniger Stickstoff zwar schwächer, bleiben aber auch gesünder und werden weniger von Schädlingen befallen!

Die Nährstoffe im Boden verbrauchen sich aber. Deshalb muss regelmäßig gedüngt werden. Die Frage ist nur: "Wann?"

Bei allen Rosen: im Frühjahr bei Beginn des Blattaustriebs (Ende März bis Anfang April). Man mischt etwa ein Drittel Rosendünger mit zwei Dritteln Rosenerde und verteilt die Mischung rund um die Rose. Dabei versucht man, die Düngermischung etwas in die vorhandene Erde einzuarbeiten, was nicht leicht ist. Dabei "spricht" man mit der Rose, schaut sie sich genauer an, sieht und entfernt vielleicht krankes oder gar totes Holz und altes, pilzbefallenes Laub vom Vorjahr. Das mag die Rose!

Bei öfterblühenden Rosen sollte ein zweites Mal gedüngt werden, und zwar nach dem ersten Blütenflor im Juni. Ab Mitte August keinesfalls mehr düngen, denn die jungen Triebe könnten bis zum Winter nicht mehr ausreifen und würden erfrieren. Bei Rosen in Töpfen ist das Düngen besonders wichtig. Durch das regelmäßige Gießen werden die Nährstoffe mit ausgewaschen. Da hilft nur regelmäßiger Nachschub.

Sehr zu empfehlen sind Blattdünger auf Amino-Eiweiß-Vitamin-Basis sowie homöopathische Pflegemittel zur Stärkung und Härtung des Laubes. Eine so gestärkte Pflanze ist weniger anfällig.

11. Das Abschneiden verwelkter Blüten

Das Abschneiden der verwelkten Blüten ist eine der wichtigsten Voraussetzungen für Freude an Rosen. Es empfiehlt sich bei allen Gruppen von Rosen, weil die Pflanze danach einfach schöner aussieht.

Bei den Rosen, die die Blüten in Büscheln hervorbringen, bei denen sich die Knospen nacheinander über eine längere Blütezeit hin öffnen, ist das Abschneiden der verwelkten Blüten auch deshalb wichtig, weil die herabfallenden welken Blütenblätter der ersten Blüten sich gern um die noch nicht entfalteten Knospen der späteren Blüten legen und diese wie Leichentücher umschließen und sie daran hindern sich zu entfalten.

Bei öfterblühenden Rosen ist es aber außerdem die Voraussetzung dafür, dass die Rose überhaupt öfter blüht.

Es gibt jedoch eine Ausnahme: Bei Rosen, die Hagebutten ansetzen, das sind die Rosen mit einfachen oder halbgefüllten Blüten, darf man die Blüten natürlich nicht abschneiden. Bei öfterblühenden Rosen, die Hagebutten ansetzen, muss man sich entscheiden: Will man üppige Blüten haben oder üppige Hagebutten.

- Üppige **Blüten** erhält man nur durch Abschneiden der verwelkten Blüten, das geht zu Lasten der Hagebutten.
- Üppige **Hagebutten** erhält man, wenn man die verwelkten Blütenstände stehen lässt. Das geht zu Lasten der Blühwilligkeit.

Man schneidet normalerweise bis zum ersten, voll entwickelten Blatt zurück. Das „Auge" in der Blattachsel ist dort am weitesten entwickelt und ergibt den Blütentrieb, der am ehesten wieder zu einer weiteren Blüte führt.

Man kann aber bewusst auch etwas weiter zurückschneiden. Das empfiehlt sich, wenn die Rose zu hoch gewachsen ist und die Blüten in zu großer Höhe erscheinen würden. Oder aber, wenn man die zweite Blüte bewusst etwas verzögern möchte, weil man sie auf einen bestimmten Zeitpunkt terminieren will. Beispielsweise Sie schneiden zurück, bevor sie in Urlaub fahren, und erfreuen sich an der zweiten Blüte, wenn Sie zurückkommen, statt dass Sie dann gerade noch die verwelkten Blüten abschneiden können.

12. Das Schneiden (der Rückschnitt)

Warum überhaupt schneiden?

Das Schneiden, der „Rückschnitt", von Rosen ist ein unter Rosenfreunden und –fachleuten gleichermaßen umstrittenes Thema. Es gibt nicht die einzig selig machende Methode, andere Wege führen auch zum Ziel. Einigkeit besteht nur darin: es muss zurückgeschnitten werden.

Wichtig ist zunächst zu wissen, warum man überhaupt schneidet. Daraus ergibt sich dann leichter das „Wann?" und das „Wie?".

Durch das Zurückschneiden wird die Bildung neuer Triebe angeregt, und zwar umso stärker, je stärker zurückgeschnitten wird.

Bei allen Rosen – gleichgültig, welcher Gruppe die Rose angehört – sind beschädigte, kranke oder gar tote Triebe auszuschneiden, und zwar so weit, bis nur noch gesundes Holz stehen bleibt. Rosen sind Gehölze, und Gehölze sterben nicht als Ganzes, sondern in Teilen und haben die erstaunliche Fähigkeit, sich zu regenerieren, etwas, was es bei Mensch und Tier nicht gibt, Regenwürmer vielleicht ausgenommen. Man tut der Rose also etwas Gutes, wenn man schneidet!

Wird gar nicht zurückgeschnitten, entwickelt sich die Rose zu einer schütteren, spindeligen Pflanze, bei der nur an den Triebspitzen Blüten erscheinen, sozusagen „im 1. Stock".

Die Rose muss zurückgeschnitten werden, damit sich die Kraft der Pflanze auf nur wenige Augen konzentrieren kann, die dann richtig austreiben und schöne Blüten hervorbringen.

Wann schneiden?

Zurückschneiden sollte man immer im Frühjahr zur Zeit der Forsythienblüte; die Forsythien blühen in raueren Lagen auch später als in klimatisch begünstigten.

Schneidet man zu früh zurück, kann es passieren, dass ein Spätfrost die jungen Austriebe schädigt. Dann sollte noch einmal nachgeschnitten werden. Schneidet man spät zurück, z. B. im Spätfrühling, muss man vieles wegschneiden, was sich in diesem Jahr schon an neuen Trieben gebildet hat. Die Gefahr, dass dann der Neuaustrieb doch noch zurückfriert, ist dann zwar geringer, aber die Blüten kommen auch viel später. Die Saison ist viel kürzer.

Wieviel zurückschneiden?

Für die Frage, wieviel zurückgeschnitten werden muss, ist es wichtig zu wissen, ob es sich um eine einmalblühende Rose handelt oder um eine öfterblühende.

Einmalblühende Rosen blühen „am vorjährigen Holz", also an den Trieben des Vorjahres (dem „alten Holz"). Schneidet man diese Triebe im Frühjahr zu stark zurück, so treibt die Rose zwar fleißig neu aus, bildet jedoch in diesem Jahr keine Knospen und Blüten mehr aus. Und wenn man das jedes Frühjahr machen würde, hätte man nie Blüten. Deshalb darf bei einmalblühenden Rosen im Frühjahr nur ein moderater Formschnitt erfolgen. Etwa 1/3 der Trieblänge wird zurückgeschnitten. 2/3 der Triebe und damit genügend altes Holz bleiben stehen, um im Sommer prächtig zu blühen. Der Strauch sollte kuppelförmig geschnitten werden, damit die Rose nicht verkahlt und bis unten blüht. Soll die Rose stärker zurückgeschnitten werden, sollte das direkt nach der Blüte geschehen. Alle paar Jahre sollte der jeweils älteste Trieb bis nahe am Boden herausgeschnitten werden. Dadurch wird die Bildung neuer Triebe von der Basis her angeregt.

Strauchrose ungeschnitten

Strauchrose geschnitten

'Bobbie James'
mit „Angelruten"

Bei den einmalblühenden **Ramblern** braucht grundsätzlich gar nicht geschnitten zu werden. Man schneidet nur, wenn sie über den Raum hinauswachsen, den man für sie reserviert hat. Man kann sie schneiden, muss aber nicht. Wenn man schneidet, sollte man nach der Blüte schneiden, weil man sonst die Triebe wegschneidet, die in der nächsten Saison blühen sollen. Muss man aus irgendwelchen Gründen sehr stark zurückschneiden, sollte das doch besser im Frühjahr geschehen; allerdings muss man dann auf einen Blütenflor in diesem Jahr verzichten. Vertragen tut es die Rose durchaus.

Ein Sonderproblem sind bei den Ramblern die so genannten „**Angelruten**". Das sind lange Jungtriebe, die überall hervorsprießen und, wenn man sie nicht entfernt, bald die Blütentriebe überwuchert haben, so dass von der eigentlichen Blüte nicht mehr viel zu sehen ist. Diese Angelruten schneidet man am besten heraus. Nach der Blüte werden sich noch genügend weitere Neutriebe entwickeln, die dann in der nächsten Saison blühen. – Das Herausschneiden ist allerdings richtig Arbeit, denn jede Angelrute will einzeln weggeschnitten werden. Das Herausschneiden ist aber nur erforderlich, wo Rambler wie Kletterrosen an formalen Rosenbögen gezogen werden. Bei Ramblern, die in Bäume wachsen, entfällt diese Arbeit.

Hier die wichtigsten Gruppen einmalblühender Rosen:

- Alba-Rosen
- Gallica-Rosen
- Damascena-Rosen
- einige Noisette-Rosen
- die meisten Rambler
- Moosrosen
- Zentifolien
- einige China-, Bourbon-, Port.-rosen
- einmalblühnende Strauchrosen
- einige Kletterrosen

Öfterblühende Rosen dagegen blühen „am diesjährigen Holz", also an den Trieben, die sich nach dem Rückschnitt im Frühjahr oder einem Rückschnitt nach dem ersten Blütenflor neu gebildet haben. Bei diesen Rosen muss unbedingt zurückgeschnitten werden, sonst blühen sie nicht so voll, wie es an sich möglich wäre und vor allem nicht öfter.

Hier die wichtigsten Gruppen öfterblühender Rosen:

- Teehybriden (Edelrosen)
- Floribunda-Rosen (Beetrosen)
- Polyantha-Rosen (Beetrosen)
- öfterblühende Strauchrosen
- Englische Rosen
- einige China-, Bourbon-Rosen
- die meisten Kletterrosen
- einige Rambler-Rosen
- die meisten Bodendecker-Rosen
- die meisten Miniaturrrosen
- Remontantrosen
- Portland- und Noisette-Rosen

Teehybriden („Edelrosen") und **Floribunda**-Rosen („Beetrosen) werden im Frühjahr auf etwa 30 cm Länge (oder 3 bis 4 Augen) zurückgeschnitten. Nach dem ersten Blütenflor sollten alle verblühten Triebe um die Hälfte zurückgeschnitten werden. Schneidet man nach dem ersten Flor nur die Blüten aus, werden die Rosen immer höher und sehen als Beet nicht mehr gut aus. In einem Beet sollte auf einheitliche Höhe geachtet werden.

Bei **öfterblühenden Strauchrosen** werden die Triebe im Frühjahr um 1/3 eingekürzt, 2/3 bleiben stehen. Wie bei den einmalblühenden Strauchrosen sollte kuppelförmig geschnitten werden, damit die Rose nicht verkahlt und bis unten blüht, und alle paar Jahre sollte der jeweils älteste Trieb bis nahe am Boden herausgeschnitten werden. Dadurch wird die Bildung neuer Triebe von der Basis her angeregt.

Bei öfterblühenden **Kletterrosen** werden nur die Seitentriebe zurückgeschnitten, etwa auf 3 bis 4 Augen. Die Haupttriebe bleiben stehen, außer wenn der Trieb in einer Blüte endet. Dann wird bis zum ersten Seitentrieb zurückgeschnitten, der dann die Rolle des Leittriebs übernimmt. Ein möglichst waagerechtes Anbinden der Triebe an Wänden oder Klettergerüsten fördert die Blütenbildung.

Wie zurückschneiden?

In vielen Rosenbüchern heißt es dazu: „mit einem sauberen, glatten Schnitt knapp ½ cm über einem nach außen weisenden Auge".

Das „nach außen weisende Auge" besagt, dass durch den Rückschnitt die Rose innen ausgelichtet werden soll und sich kreuzenden Trieben, die später wieder ausgeschnitten werden müssten, entgegengewirkt werden soll.

„Knapp ½ cm über dem Auge" ist ideal. Lässt man ein längeres Stück stehen, dann verdorrt das und es gibt einen hässlichen Stummel. Schneidet man dichter über dem Auge zurück, kann man das Auge beim Schnitt leicht verletzen.

„Mit einem sauberen, glatten Schnitt" besagt, dass man eine gute, scharfe Rosenschere verwenden soll, damit die Schnittkante nicht ausfranst, solches Ausfransen würde Krankheitskeimen den Eintritt erleichtern. – Ob der Schnitt waagerecht oder leicht schräg angesetzt wird, spielt keine Rolle.

Das ist zwar alles grundsätzlich richtig, dennoch gibt es ernst zu nehmende Rosenfachleute, die darüber nur lachen und behaupten, mit der Heckenschere ginge es genauso gut. Das möchten wir zwar nicht empfehlen, wörtlich zu nehmen, zeigt aber, dass man beim Zurückschneiden nicht zu ängstlich zu sein braucht.

Womit zurückschneiden?

Wer Fachleute beobachtet, wird feststellen, dass sie durchweg eine Rosenschere von einem bekannten Schweizer Fabrikat verwenden. Diese ist zwar vergleichsweise teuer, aber wirklich das beste, was Sie kriegen können. Sie hat zwei Schnittflächen, was einen glatten Schnitt bewirkt im Gegensatz zu preiswerteren Modellen, die nur eine Schnittfläche und einen feststehenden „Amboss" aufweisen. Außerdem bekommt man Ersatzteile für jede einzelne Schnittfläche, so dass die Schere auch scharf bleibt.

Wildtriebe („Ausläufer")

Rosen bilden gern Wildtriebe. Bei einer wurzelechten Rose kann das sogar erwünscht sein, die Rose sorgt selbst für ihre weitere Vermehrung. Das ist insbesondere bei Rosen der Fall, die als Bodendecker verwendet werden.

Leider sind wurzelechte Rosen bei uns sehr selten, sie werden kaum angeboten. Der Grund dafür ist leicht einzusehen: Bei wurzelechten Rosen dauert es viel länger, bis verkaufsfähige Pflanzen herangewachsen sind. Wurzelechte neben gleichaltrigen veredelten Pflanzen wirken kümmerlich und wären unverkäuflich.

Veredelte Pflanzen bestehen eigentlich aus zwei durch Veredlung mit einander verbundenen Pflanzen: einer starkwüchsigen Unterlagenpflanze, meistens eine Wildrose, und der eigentlich gewünschten Sorte, die ihr an der Veredlungsstelle aufgesetzt ist. Wildtriebe sind Triebe, die aus der Unterlagenpflanze hervorgebracht werden. Da die Unterlagenpflanze sehr starkwüchsig ist, überwuchern die Wildtriebe die auf die Unterlage veredelte Sorte bald, wenn der Wildtrieb nicht rechtzeitig als solcher erkannt und entfernt wurde.

Wildtriebe kommen meist in einiger Entfernung von der Rose aus dem Boden. Es reicht nicht, sie am Boden abzuschneiden. Damit würde man nur das Wachstum weiter anregen und bald verzweigt sich der Wildtrieb an dieser Stelle auch noch. Man muss sich schon die Mühe machen, den Wildtrieb herauszuziehen oder auszugraben und möglichst an der Pflanze abzureißen. Sonst kommt er immer wieder.

Einen Wildtrieb zu erkennen ist nicht immer leicht. Die Zahl der Fiederblättchen ist nur bei den Rosensorten ein eindeutiges Merkmal, bei denen die Sorte fünf Fiederblättchen hat. Denn die Unterlagenpflanze hat meist 7 oder 9 Fiederblättchen. Was aber, wenn die auf die Unterlage veredelte Sorte auch 7 oder 9 Fiederblättchen hat? Dann muss man auf feine Farb- oder Formunterschiede der Blätter achten, eventuell auch der Stacheln. Wildtriebe sind meist wenig bestachelt und haben kleines, mattes, olivgrünes und fein gezähntes Laub. Wartet man, bis der Trieb blüht, ist schon viel Kraft in den Wildtrieb gewandert, die für die eigentliche Rose verloren ist und dann weggeschnitten werden muss.

Bei Stammrosen ist zu bedenken, dass der Stamm selbst zur Unterlagenpflanze gehört. Die Veredlungsstelle befindet sich am oberen Ende des Stamms. Triebe, die unterhalb der Krone direkt aus dem Stamm hervortreiben, sind Wildtriebe und müssen entfernt werden.

13. Winterschutz

Ob Winterschutz bei Rosen überhaupt nötig ist, ist eine Frage der Sortenwahl und des Standorts. An milden Standorten ist ein Winterschutz unnötig, vor allem bei Rosen, die selbst recht winterhart sind, und solche gibt es durchaus, z. B. Alba-Rosen und Rugosa-Hybriden.

Möchte man aber an einem ungünstigen Standort unbedingt eine weniger winterharte Sorte haben, dann muss man sich schon der Mühe unterziehen, der Rose einen Winterschutz zu geben.

Die alten europäischen Rosen waren eigentlich recht winterhart. Das Problem mit der mangelnden Winterhärte kam erst durch Einkreuzen der China-Rosen.

Der frostempfindlichste Teil ist die Veredlungsstelle. Deshalb sollte die Rose immer so tief gepflanzt werden, dass die Veredlungsstelle etwa 5 cm unter der Erde liegt. Bei Teehybriden, Floribunda-Rosen und Strauchrosen genügt ein zusätzliches Anhäufeln im Spätherbst, damit die Veredlungsstelle auf jeden Fall gut von Erde bedeckt und damit geschützt ist.

Bei Stammrosen befindet sich die empfindliche Veredlungsstelle oben am Stamm dort, wo die Krone anfängt, sich zu verzweigen. Diese Stelle muss also geschützt werden. Man kann Tannenreisig oder / und Holzwolle um diese Stelle binden, das hilft schon etwas. An sehr rauen Standorten empfiehlt es sich, den Stamm umzulegen und die Krone mit Erde zu bedecken.

Ebenfalls frostgefährdet sind spät im Jahr hervorgebrachte Triebe, die bis zum Eintritt des Winters nicht mehr richtig ausreifen konnten. Um deren Bildung entgegenzuwirken, sollte man ab August keinesfalls mehr düngen.

Im Übrigen ist Winterschutz hauptsächlich Sonnenschutz. Wird die Rose an einem Standort gezogen, der im Spätwinter und zeitigen Frühjahr der schon recht kräftigen Morgensonne ausgesetzt ist, dann „denkt" die Rose, es sei Frühling und fängt an auszutreiben. Wenn aber der Boden noch gefroren ist, kann kein Nachschub von unten her kommen und der Kreislauf gerät ins Stocken. Das ist übrigens nicht nur bei Rosen so, sondern bei anderen Ziergehölzen ebenfalls. Am besten hilft Schattierung, z. B. mit Reisig.

14. Was die Freude an Rosen trüben kann

„Die Flöhe und die Wanzen gehören auch zum Ganzen"

Spricht man mit Rosenfreunden, ist oft wenig von Freude an Rosen zu hören. Die häufigsten Probleme, mit denen sich Rosenfreunde herumschlagen, sind nach unserer Beobachtung: die Stacheln; die Tendenz zum Verkahlen; die Trostlosigkeit eines Rosengartens im Winter; „Ausläufer" / Wildtriebe; die erdrückende Sortenvielfalt; die Pilzkrankheiten und die Schädlinge.

In der Tat waren es die Sorgen und Nöte der Rosenfreunde, mit denen wir immer wieder konfrontiert werden, die uns veranlasst haben, dieses Buch überhaupt zu schreiben.

Stacheln

„Keine Rose ohne Dornen!" Auch wenn inzwischen allgemein bekannt ist, dass Rosen gar keine „Dornen" haben (wie z. B. der Feuerdorn und der Kaktus), sondern „Stacheln" - wenn ich mich verletzt habe, spielt es kaum eine Rolle, ob das ein Dorn oder ein Stachel war. Und auch viele Stacheln können ganz schön gefährlich sein. Es ist deshalb verständlich, dass besorgte Eltern von Kleinkindern immer wieder fragen: „Gibt es denn keine stachellosen Rosen?". Doch, die gibt es! Nicht besonders viele, aber immerhin:

'Zephirine Drouhin' (eine kletternde Bourbon-Rose, Bizot 1868) ist wohl die bekannteste, sowie ihr Sport 'Kathleen Harrop' (Dickson 1919). Wir haben auch schon die Bezeichnung „Spielplatzrose" gehört.

Stacheln können aber auch Freude bereiten! Nämlich bei Rosen an der Grundstücksgrenze, indem sie mithelfen, die Hecke undurchdringlich zu machen.

Oder durch ihre eigene Schönheit, wie bei *R. sericea pteracantha*, bei der die jungen Stacheln leuchtend rot und durchscheinend sind. Es lohnt sich, diese Rose nur wegen ihrer Stacheln zu kultivieren.

Tendenz zum Verkahlen

In vielen Vorgärten kann man sie beobachten: die

„Stockwerksrose", deren einzige Blüten am besten vom ersten Stock aus zu bewundern sind und die unten ganz kahl sind. Als müsste das so sein.

Natürlich nicht. Es wurde nur nicht oder falsch geschnitten.

Das Wichtigste ist das Schneiden beim Pflanzen selbst, damit sich die Rose gut von unten her verzweigt und später beim jährlichen Rückschnitt.

Die Trostlosigkeit des Rosengartens im Winter

Wem stehen sie nicht sofort vor Augen: die Reihen sorgfältig angehäufelter Edel- oder Floribunda-Rosen in runden, ovalen oder länglichen Beeten von Oktober bis April, wartend auf den großen Auftritt ab Juni? Gähnend langweilig, ein langes halbes Jahr hinweg.

Die Antwort ist einfach: kein Rosengarten, sondern ein Garten mit Rosen, d. h. die Rosen werden mit anderen Ziergehölzen sowie mit Stauden und Zwiebelblühern zusammen gepflanzt.

„Ausläufer" (Wildtriebe)

Sie schießen rings um die Rose in die Höhe, und wenn man nicht aufpasst, überwuchern sie die Rose binnen kurzem. Sehr lästig.

Ein Patentrezept gibt es nicht. Es bleibt nur übrig, sie immer wieder zu entfernen. Möglichst direkt an der Wurzel abreißen oder abstechen, nur nicht dort, wo sie aus der Erde kommen, abschneiden; das würde das Problem nur noch schlimmer machen.

Die erdrückende Sortenvielfalt

Was an sich sehr zu begrüßen ist, das breit gefächerte Angebot an Rosen unterschiedlichster Gruppen, Farben, Formen und Eigenschaften, ist für viele Rosenfreunde eine Überforderung. Weniger wäre mehr.

Hier ist keine Abhilfe in Sicht. Im Gegenteil, das Angebot wächst von Jahr zu Jahr, sogar mit steigender Tendenz. Und das Angebot wandelt sich. Sorten, die vor ein paar Jahren groß in Mode waren, sind verschwunden, dafür gibt es jetzt neue Sorten. Wer will sich da noch auskennen?

Dem interessierten Rosenfreund stehen mehrere Wege offen, um sich zu informieren:

- Rosenbücher, unter denen es eine ganze Reihe sehr guter Werke gibt

- Rosengärten und die Schaugärten der großen Rosenfirmen, in denen man die Rosen in natura besichtigen kann.
- Kataloge der großen Rosenfirmen
- das Internet, inzwischen sehr ergiebig, besonders wenn man Bezugsquellen für eine bestimmte Sorte sucht
- Gespräche mit Fachleuten beim Rosenkauf in der Rosenschule
- das Gespräch mit Gleichgesinnten (Kontakte schafft die Mitgliedschaft im Verein Deutscher Rosenfreunde; wer Englisch kann ist auch bei der Royal National Rose Society (England) und der American Rose Society (USA) gut aufgehoben.

Die Larve der Florfliege ist ein natürlicher Feind der Blattläuse. Eine Larve kann bis zu 200 Blattläuse verzehren.

Blattläuse sind besonders im Frühjahr ein Problem. Ihnen schmecken besonders die frisch ausgetriebenen Rosentriebe und Blütenknospen.

15. Schädlinge

„Kein Röslein ohne Läuschen"

(W. Busch)

Blattläuse, in großen Scharen auftretend, sind wirklich ekelerregend. Nicht nur bei Rosen. Beim Holunder kommen sie in eher noch größeren Scharen vor.

Das Problem ist die Früherkennung. Einzelne Läuschen kann man mit den Fingern wegwischen, mehrere mit dem Strahl aus dem Gartenschlauch. Aber viele?

Damit es nicht zu vielen kommt, muss man weit vorausplanend handeln. Blattläuse haben ihre natürlichen Feinde: die Larven der Florfliegen, der Schlupfwespen und Marienkäfer. Es gilt, für eine Umwelt im Garten zu sorgen, in der sich auch solche unscheinbaren Geister wohl fühlen und als Nützlinge wirken können. Auch die Meisen und andere Singvögel sind als Blattlaus-Verzehrer nicht zu unterschätzen. Wer seinen Garten mit dem Laubsauger steril hält und den Vögeln weder Schutz noch Nahrung bietet, und statt einer Laub- und Kräuterschicht am Boden, die vielfältigem Getier Zuschlupf und Lebensraum bietet, nur Rindenmulch anbietet, der braucht sich über massenhaftes Auftreten von Blattläusen nicht zu wundern. Wir sorgen seit Jahren für eine reichhaltige Tierwelt in unserem Garten, haben mehr Vögel und anderes Getier als alle Gärten rundum, und haben mit Blattläusen keinerlei Probleme.

Da ist noch die Blattrollende Sägewespe, die ihr Unwesen treibt, vor allem bei Rosen, die unter Bäumen stehen. Sie ist Meisterin im Vortäuschen falscher Tatsachen, rollt sie doch sieben Blätter ein, um ein einziges Ei abzulegen, damit man das Ei nicht so leicht findet. Die eingerollten Blätter sind leicht zu erkennen und lassen sich leicht absammeln. Früherkennung und schnelles Handeln sind wiederum sehr wichtig. Auch für tierische Schädlinge gilt: gesunde Rosen sind weniger anfällig.

16. Pilzkrankheiten

Die Pilzkrankheiten gehören leider zum Garten – es gibt sie ja durchaus nicht nur bei Rosen! – wie der Schatten zum Licht. So lange die Krankheiten nicht überhand nehmen, kann man damit auch leben. Im sonstigen Leben ist auch nicht immer alles perfekt.

Die drei großen Plagen sind Mehltau, Sternrußtau und Rosenrost.

Mehltau

Mehltau ist zwar nicht so gefährlich wie die beiden anderen, aber sehr häufig, und er schwächt die Pflanze und macht sie damit anfälliger für die gefährlicheren Krankheiten. Ein weißlich-grauer, schimmelartiger Belag zeigt sich zuerst an den ganz jungen Blättern und Trieben, später auch bei den Knospen und Blüten und den älteren Blättern. Ist er erst aufgetreten, hilft nur Spritzen mit einem geeigneten Spritzmittel gegen Pilzkrankheiten. Im Frühstadium kann auch Wegschneiden der befallenen Pflanzenteile helfen. – Ein trockener und schlecht belüfteter Standort fördert die Ausbreitung des Pilzes.

Sternrußtau

Sternrußtau führt zu schwärzlichen Flecken auf den Blättern; die Blätter verfärben sich im weiteren Verlauf gelb und fallen ab. Im fortgeschrittenen Stadium steht die Pflanze entlaubt da. Er verbreitet sich vor allem durch viel Nässe und zu engen Pflanzabstand.

Rosenrost

Rosenrost zeigt sich durch orangefarbene Pusteln an den Unterseiten der Blätter. Im Frühstadium auch durch eine orangefarbene, klebrige Masse an den jungen Trieben. Rosenrost ist ebenfalls eine sehr gefährliche Krankheit, die erfreulicherweise bei uns nicht so häufig ist. Wo er auftritt und überhand nimmt, sollte man die Pflanze erst mal sehr stark zurückschneiden. Es sind auch ganz bestimmte Sorten, die besonders dafür anfällig sind (z. B. 'Conrad Ferdinand Meyer' und 'Sarah van Fleet'). Anfällig sind auch einige Alba-Rosen. Wir konnten bisher durch Ausschneiden der befallenen Triebe im Frühstadium das Schlimmste verhindern.

Hygiene

Strenge Hygiene ist angesagt. Alle befallenen Blätter absammeln und wenn möglich vom Boden auflesen und entsorgen. Nicht auf den Komposthaufen geben! Können die Pilzsporen auf den befallenen Blättern überwintern, ist das Problem im nächsten Jahr noch schlimmer.

Auf gesunde Rosen achten

Gesunde Rosen sind weniger anfällig für Krankheiten als schwächliche oder kümmernde. Fehler rächen sich bitterlich, z. B.:

- bei der Sortenwahl
  (schwachwüchsige oder krankheitsanfällige Sorten)
- bei der Standortwahl
  (ungünstiger Standort, z. B. schlecht belüfteter Platz)
- bei der Bodenvorbereitung
  (zu wenig organisches Material eingearbeitet)
- beim Pflanzen
  (Pflanzloch nicht groß / tief genug; Rose vor dem Pflanzen nicht zurückgeschnitten; nicht genügend gewässert; nicht tief genug gepflanzt)
- beim Wässern
  (zu wenig oder falsch gewässert; "beregnet")
- beim Düngen
  (zu viel stickstoffbetonter Dünger)
- bei der vorbeugenden Bekämpfung
  (Austriebsspritzung unterlassen)
- bei der Hygiene
  (erste Anzeichen von Befall nicht erkannt und befallene Pflanzenteile nicht entsorgt)

***

Sind Sie jetzt auch der Meinung, dass es eigentlich doch ganz einfach ist?

17. Ausgewählte Bezugsquellen

Rosen **Goenewein**, Bad Nauheim-Steinfurth, www.rosen-goenewein.de

Baumschulen **Huben**, Ladenburg, www.huben.de

W. Kordes´ Söhne, Klein-Offenseth-Sparrieshoop, www.kordes-rosen.com

Noack Rosen, Gütersloh, eMail: Noack-Rosen@t-online.de

Bioland-Rosenschule **Ruf**, Bad Nauheim-Steinfurth, www.rosenschule-ruf.de

Rosenhof **Schultheis**, Bad Nauheim-Steinfurth, www.rosenhof-schultheis.de

Rosen **Tantau**, Uetersen, www.rosen-tantau.com

Weiterführende Literatur

Rosen im Internet: www.onlineagentur.de/Urban/rosen.htm

Schultheis, Heinrich: Rosen, **Die besten Arten und Sorten für den Garten**, Ulmer, 2. Aufl. 1996

Schultheis, Heinrich: Rosen, **Frische Ideen und bewährte Sorten**, Ulmer, 2005

Schultheis, Heinrich / Urban, Helga & Klaus: **Rosenlexikon [auf CD-ROM]** 2. Aufl. 2001

Urban, Helga: **Ein Garten der Düfte**, BLV 1999

Urban, Helga: **Ein weißer Garten**, Ulmer 1997

Register

Impressum

© Februar 2006 - Christian Schultheis / Helga & Klaus Urban
Autoren: Helga & Klaus Urban / Christian Schultheis
Layout & Bilder: Christian Schultheis
Herstellung & Verlag: Books on Demand GmbH, Norderstedt
Printed in Germany
Dieses Buch wurde im On-Demand-Verfahren hergestellt.

ISBN 3-8334-4730-3